O SEGREDO DE MARIA

Dados Internacionais de Catalogação na Publicação (CIP)
(Câmara Brasileira do Livro, SP, Brasil)

Grignion de Montfort, Luís Maria, Santo, 1673-1716
  O segredo de Maria : sobre a escravidão da Santa Virgem / S. Luís Maria Grignion de Montfort ; tradução de João Batista Kreuch. – Petrópolis, RJ : Vozes, 2018.
  Título original : Le secret de Marie sur l'esclavage de la Sainte Vierge

  9ª reimpressão, 2025.

  ISBN 978-85-326-5747-3

  1. Maria, Virgem, Santa – Culto 2. Maria, Virgem, Santa – Devoção 3. Maria, Virgem, Santa – História das doutrinas – Século 18 I. Título.

18-13270   CDD-232.91

Índices para catálogo sistemático:

1. Maria, Virgem, Santa : Devoção : Mariologia
   232.91

S. LUÍS MARIA GRIGNION DE MONTFORT

O SEGREDO DE MARIA

Sobre a escravidão da Santa Virgem

Por
S. Luís Maria Grignion de Montfort

Missionário apostólico, fundador da
Congregação dos Missionários da Companhia
de Maria e da Congregação
das Filhas da Sabedoria

Tradução de João Batista Kreuch

EDITORA VOZES

Petrópolis

Tradução do original em francês intitulado
Le secret de Marie sur l'esclavage de la Sainte Vierge

© desta tradução:
2018, Editora Vozes Ltda.
Rua Frei Luís, 100
25689-900 Petrópolis, RJ
www.vozes.com.br
Brasil

Todos os direitos reservados. Nenhuma parte desta obra poderá ser reproduzida ou transmitida por qualquer forma e/ou quaisquer meios (eletrônico ou mecânico, incluindo fotocópia e gravação) ou arquivada em qualquer sistema ou banco de dados sem permissão escrita da editora.

CONSELHO EDITORIAL	PRODUÇÃO EDITORIAL
Diretor Volney J. Berkenbrock	Aline L.R. de Barros Jailson Scota Marcelo Telles Mirela de Oliveira Natália França Otaviano M. Cunha Priscilla A.F. Alves Rafael de Oliveira Samuel Rezende Vanessa Luz Verônica M. Guedes
Editores Aline dos Santos Carneiro Edrian Josué Pasini Marilac Loraine Oleniki Welder Lancieri Marchini	
Conselheiros Elói Dionísio Piva Francisco Morás Gilberto Gonçalves Garcia Ludovico Garmus Teobaldo Heidemann	
Secretário executivo Leonardo A.R.T. dos Santos	

Editoração: Flávia Peixoto
Diagramação: Sheilandre Desenv. Gráfico
Revisão gráfica: Fernando S.O. da Rocha
Capa: Ygor Moretti
Ilustração de capa: Madonna e criança.
Orazio Gentileschi (1563-1639)

ISBN 978-85-326-5747-3

Este livro foi composto e impresso pela Editora Vozes Ltda.

Sumário

Prefácio, 7

Introdução, 9

I – Necessidade de uma verdadeira devoção a Maria, 11

   A – A graça de Deus é absolutamente necessária, 11

   B – Para encontrar a graça de Deus é preciso encontrar Maria, 13

   C – Uma verdadeira devoção à Virgem Santa é indispensável, 22

II – Em que consiste a verdadeira devoção a Maria, 23

   A – Diversas verdadeiras devoções à Santíssima Virgem, 23

   B – A perfeita prática de devoção a Maria, 24

      1 Em que ela consiste, 24

      2 Excelência dessa prática, 28

3 Sua fórmula interior e seu espírito, 33
   Agir com Maria, 34
   Agir em Maria, 35
   Agir por Maria, 36
   Agir para Maria, 36
4 Os efeitos que ela produz na alma
fiel, 38
5 As práticas exteriores, 41

Suplemento – Orações a Jesus e a Maria, 46
Oração a Jesus, 46
Oração a Maria por suas fiéis escravas, 48
O cultivo e o crescimento da Árvore da vida
[ou seja], a maneira de fazer Maria
viver e reinar em nossas almas, 51
   1 A escravidão santa do amor – Árvore
   de vida, 51
   2 A maneira de cultivá-lo, 52
   3 Seu fruto duradouro: Jesus Cristo, 54

Prefácio

Pe. Paulo Ricardo de Azevedo Júnior

Quem estudou a teologia sapiencial de São Luís Maria Grignion de Montfort reconhece que o livro *O segredo de Maria* é um resumo primoroso que o próprio autor fez de sua obra prima *O tratado da verdadeira devoção*.

Escrita em forma de carta, esta pequena obra, logo no início, interpela e surpreende o leitor dizendo: "A aquisição da santidade de Deus é tua firme vocação" (n. 3).

Neste sentido, o nosso autor é sem dúvida um filho direto de São Francisco de Sales que insistia sobre o caráter universal do chamado à santidade[1]. Este ponto essencial da doutrina montfortina é uma preparação longínqua, mas real, do ensinamento da Constituição Dogmática *Lumen Gentium*.

---

[1]. Cf. PIO XI, Encíclica Rerum omnium, 26 de janeiro de 1923, in AAS 15 (1923) 49-63.

Para São Luís Maria, como para os padres do Vaticano II, a proposta do caminho de santidade como vocação à plenitude do amor é para todos e cada um dos batizados.

Mas consciente que esta vocação não será jamais alcançada sem uma intervenção da graça divina, este grande místico e pastor nos revela "o segredo" de sua verdadeira pedagogia de santidade. O caminho para unir-nos a Jesus é o mesmo caminho que ele usou para unir-se a nós: a Virgem Maria (cf. n. 23).

Em sua espiritualidade absolutamente cristocêntrica e batismal, São Luís nos fala da Virgem Santíssima como um "meio". Se ele vivesse nos tempos de Santa Teresinha talvez ele falasse de "elevador". "Para encontrar a graça de Deus é necessário encontrar Maria" (n. 6).

Que a leitura e, mais do que isto, a oração meditativa de *O segredo de Maria* conduza você à descoberta deste grande segredo:

> Bendita e mil vezes bendita é a alma liberal que se consagra a Jesus por Maria, na qualidade de escravo de amor, depois de ter-se livrado, por meio do Batismo, da escravidão tirânica do demônio! (n. 34).

Introdução

[1] Alma predestinada, eis um segredo que o Altíssimo me revelou, e que jamais encontrei em livro algum, antigo ou novo. Eu o compartilho contigo pelo Santo Espírito com as seguintes condições:

1ª) Que o confies somente a pessoas que o mereçam em razão de suas orações, esmolas, mortificações, perseguições, pelo zelo pela salvação das almas e por desapego.

2ª) Que te sirvas dele para tornar-te santa e celestial; pois esse segredo se desenvolve apenas na medida em que a alma dele se serve. Fica, pois, atenta para não permaneceres de braços cruzados, sem ocupação; pois este segredo se transformaria então em veneno e representaria tua condenação...

3ª) Com a condição de que tu agradeças a Deus todos os dias de tua vida pela graça que

Ele te deu com a revelação deste segredo, que tu não merecias conhecer. E, na medida em que tu te servires dele nas ações ordinárias da tua vida, então conhecerás seu valor e sua excelência, que antes conhecias apenas imperfeitamente, por causa da multidão e da gravidade dos teus pecados e dos apegos que tu mesma desconheces.

[2] Antes de dar um passo além em teu desejo diligente e natural de conhecer a verdade, dize devotamente, de joelhos, a *Ave Maris Stella* e o *Veni, Creator*, para pedir a Deus a graça de compreenderes e saboreares esse mistério divino...

Devido ao pouco tempo que tive para escrever, e por causa do pouco tempo que terás para ler, aqui explicarei tudo de maneira abreviada.

I

Necessidade de uma verdadeira devoção a Maria

A – A graça de Deus é absolutamente necessária

[3] Ó alma, imagem viva de Deus e resgatada pelo precioso sangue de Jesus Cristo, a vontade de Deus em relação a ti é que te tornes santa como Ele nesta vida, e gloriosa como é Ele na outra.

A aquisição da santidade de Deus é tua firme vocação; é a isso que devem voltar-se todos os teus pensamentos, tuas palavras e ações, teus sofrimentos e todos os movimentos da tua vida; ou estarás resistindo a Deus, não fazendo aquilo para o que Ele te criou e te conserva até agora.

Oh! Que obra admirável! O pó transformado em luz, a sujeira em pureza, o pecado em santidade, a criatura no Criador e o ser humano em Deus! Ó obra admirável!, repito, mas obra difícil em si mesma e impossível à natureza por si só; nada mais senão Deus somente para, por graça, e uma graça abundante e extraordinária, levar todas as coisas ao seu cumprimento; e a criação de todo o universo não é obra mestra melhor do que esta...

[4] Ó alma, como vais fazer? Que meios escolherás para subir aonde Deus te chama? Os meios da salvação e da santidade são conhecidos de todos, são indicados no Evangelho, são explicados pelos mestres da vida espiritual, são praticados pelos santos e necessários a todos aqueles que querem salvar-se e chegar à perfeição; e são estes: a humildade de coração, a oração contínua, a mortificação universal, o abandono à divina providência, a conformação à vontade de Deus.

[5] Para praticar todos esses meios de salvação e de santidade, a graça e o auxílio de Deus são absolutamente necessários, e essa graça é dada a todos em maior ou menor tama-

nho; ninguém tenha dúvida. Digo em maior ou menor tamanho porque, embora seja infinitamente bom, Deus não dá sua graça igualmente com a mesma força a todos, embora a todos a dê suficientemente. A alma fiel a uma grande graça realiza uma grande ação, e com uma graça menor, realiza uma pequena ação. O prêmio e a excelência da graça dada por Deus e recebida pela alma produz o prêmio e a excelência de nossas ações. Esses princípios são incontestáveis.

B – Para encontrar a graça de Deus é preciso encontrar Maria

[6] Assim, tudo se reduz a encontrar o meio mais fácil para obter de Deus a graça necessária para tornar-se santo; e é isso que eu desejo (te) ensinar. E o que digo é que, para encontrar a graça divina, é preciso encontrar Maria.

Porque:

[7] 1º) Maria foi a única que encontrou a graça (diante) de Deus, por si e por cada pessoa em particular. Os patriarcas e os profetas, todos os santos da antiga lei não puderam encontrar essa graça.

[8] 2º) Foi ela que deu o ser e a vida ao Autor de toda graça, e por causa disso ela é chamada Mãe da Graça, *Mater gratiae*.

[9] 3º) Deus, o Pai, de quem todo dom perfeito e toda graça provêm como de sua fonte essencial, dando-lhe seu Filho, deu-lhe todas as suas graças; desse modo, como diz São Bernardo, a vontade de Deus é dada a ela nele e com Ele.

[10] 4º) Deus a escolheu como tesoureira, ecônoma e dispensadora de todas as graças, de modo que todas as suas graças e todos os seus dons passem por suas mãos; e de acordo com o poder que ela recebeu, conforme São Bernardino, ela dá a quem ela quer, quando ela quer e quanto ela quer as graças do Pai Eterno, as virtudes de Jesus Cristo e os dons do Espírito Santo.

[11] 5º) Como, na ordem natural, um filho precisa de um pai e de uma mãe, assim também na ordem da graça é preciso que um verdadeiro filho da Igreja tenha Deus por Pai e Maria por Mãe; e se ele se gloria por ter Deus como Pai, mas não tem nenhuma ternura filial por Maria, trata-se de um enganador, cujo pai não é outro senão o demônio...

[12] 6º) Por ter Maria formado o Cabeça dos predestinados, que é Jesus Cristo, cabe a ela também formar os membros dessa Cabeça, que são os verdadeiros cristãos: pois uma mãe não forma uma cabeça sem os membros, nem os membros sem a cabeça. Aquele que quiser, portanto, ser membro de Jesus Cristo, cheio de graça e verdade, deve ser formado em Maria por meio da graça de Jesus Cristo, que reside nela plenamente, para ser comunicada plenamente aos verdadeiros membros de Jesus Cristo e a seus verdadeiros filhos.

[13] 7º) Tendo o Espírito Santo desposado Maria, e tendo produzido nela, por meio dela e a partir dela, essa obra-prima, o Verbo Encarnado, como Ele jamais a repudiou, Ele continua a produzir todos os dias nela e por ela, de uma maneira misteriosa, mas verdadeira, os predestinados.

[14] 8º) Maria recebeu de Deus um domínio particular sobre as almas para nutri-las e fazê-las crescer em Deus. Santo Agostinho chega a dizer que, neste mundo, os predestinados estão todos guardados dentro do seio de Maria, e que não vêm à luz senão quando essa boa mãe os faz nascer para a vida eter-

na. Consequentemente, como a criança obtém toda sua nutrição de sua mãe, que a dá proporcionalmente à sua fraqueza, igualmente os predestinados recebem toda sua nutrição espiritual e toda sua força de Maria.

[15] 9º) Foi a Maria que Deus Pai disse: *In Jacob inhabita*: minha filha, habite em Jacó; quer dizer, em meus predestinados representados por Jacó. Foi a Maria que Deus Filho disse: *In Israel haereditare*: minha querida mãe, seja herdeira de Israel; ou seja, entre os predestinados. Enfim, foi a Maria que o Espírito Santo disse: *In electis meis mitte radices*: lance, minha fiel esposa, raízes em meus eleitos. Todos, portanto, que são eleitos e predestinados, têm a Virgem Santíssima habitando neles – quer dizer, em sua alma – e a deixam lançar neles as raízes de uma profunda humildade, de uma ardente caridade e de todas as virtudes...

[16] 10º) Maria é chamada por Santo Agostinho – e de fato é – o mundo vivo de Deus, *forma Dei*; quer dizer que é apenas nela que Deus (feito) homem foi formado naturalmente, sem que lhe faltasse qualquer traço da divindade; e é também nela apenas que o ser humano pode

ser formado em Deus naturalmente, na medida da capacidade da natureza humana, pela graça de Jesus Cristo.

Um escultor pode fazer uma imagem ou um retrato natural de duas maneiras: 1ª) Servindo-se de sua habilidade, de sua força, de sua ciência e da qualidade de seus instrumentos para produzir essa figura da matéria dura e informe. 2ª) Ou pode utilizar um molde. A primeira é demorada e difícil, e sujeita a diversos riscos: basta um único golpe de formão ou de martelo dado de maneira errada para arruinar toda a obra. A segunda é rápida, fácil e suave, quase sem esforço e sem danos, desde que o molde seja perfeito e represente o natural, e desde que a matéria de que se serve seja fácil de manusear, sem opor nenhuma resistência à sua mão.

[17] Maria é o grande molde de Deus, feito pelo Espírito Santo para formar ao natural um Homem Deus pela união hipostática, e para formar um homem Deus pela graça. Não falta a esse molde nenhum traço da divindade; quem quer que ali seja lançado e se deixa assim moldar, recebe todos os traços de Jesus

Cristo, verdadeiro Deus, de uma maneira suave e proporcional à fragilidade humana, sem muita agonia ou muito trabalho; de maneira certa, sem temor de ilusão, pois o demônio não teve e nem terá jamais qualquer acesso a Maria, santa e imaculada, sem sombra da menor mancha de pecado.

[18] Oh! Alma querida, quanta diferença existe entre uma alma formada em Jesus Cristo pelas vias ordinárias daqueles que, como escultores, confiam em seu conhecimento e se apoiam em suas habilidades, e uma alma fácil de modelar, bem-delineada, bem-fundida e que, sem apoiar-se em si mesma, lança-se em Maria e se deixa moldar nela por obra do Espírito Santo! Como a primeira é manchada, com defeitos, cheia de trevas e de ilusões, como é natural e humana; e como a segunda é pura, divina e semelhante a Jesus Cristo!

[19] Não existe e jamais existirá uma criatura em que Deus seja maior, fora dele mesmo, do que na divina Maria, sem exceção nem dos bem-aventurados nem dos querubins, nem dos mais elevados serafins, mesmo no paraíso...

Maria é o paraíso de Deus e seu mundo inefável, onde o Filho de Deus entrou para operar maravilhas, para guardá-lo e nele se comprazer. Ele fez um mundo, e é este daqui, para o homem viajante, e fez um mundo para o homem bem-aventurado, que é o paraíso; mas Ele fez ainda um mundo para si, ao qual deu o nome de Maria; mundo desconhecido a quase todos os mortais da terra e incompreensível a todos os anjos e os bem-aventurados que habitam os altos céus e que, na admiração de ver Deus tão elevado e tão distanciado deles todos, tão separado e de tal modo escondido em seu mundo, a divina Maria, bradam noite e dia: Santo, Santo, Santo!

[20] Bendita e mil vezes bem-aventurada é a alma neste mundo a quem o Santo Espírito revela o segredo de Maria para que o conheça; e a quem Ele abre esse jardim secreto para que entre esta fonte selada para que daí tire e beba abundantemente das águas vivas da graça! Essa alma encontrará somente Deus, sem criatura, nesta criatura amável; mas [encontrará] Deus, ao mesmo tempo infinitamente santo e distinto, infinitamente condescendente e proporcional à sua fragilidade. Por estar em toda parte, Deus pode ser em toda parte encontrado, até mesmo nos infernos, mas não existe lugar onde

a criatura possa encontrá-lo mais próximo dela e mais proporcional à sua fragilidade do que em Maria, pois foi para este efeito que Ele desceu até ela. Em todos os outros lugares Ele é o Pão dos fortes e dos anjos; mas, em Maria, Ele é o Pão das crianças...

[21] Que não se imagine, portanto, como alguns falsos iluminados, que Maria, sendo criatura, seja um impedimento à união com o Criador, porque não é mais Maria quem vive, é Jesus Cristo, apenas, é Deus, apenas, que vive nela. Sua transformação em Deus é tão mais elevada do que a de São Paulo e dos outros santos quanto mais elevado é o céu em relação à terra.

Maria fez-se inteiramente para Deus, e longe de reter uma alma consigo – ao contrário, a impulsiona e a une a Deus de maneira muito mais perfeita do que antes –, uniu-se a alma com ela. Maria é o eco admirável de Deus, que sempre responde "Deus" quando alguém por ela clama, que glorifica apenas a Deus quando, com Santa Isabel, é chamada de bem-aventurada. Se os falsos iluminados, miseravelmente abusados pelo demônio, mesmo em oração, tivessem conseguido encontrar Maria, e por

Maria, Jesus, e por Jesus, Deus, eles não teriam sofrido tão terríveis quedas. Quem uma vez encontra Maria, e por meio de Maria, Jesus, e por meio de Jesus, Deus Pai, encontrou todo bem, dizem as santas almas: *Inventa* (encontrada) etc. Quem diz o todo nada excetua: toda graça e toda amizade junto a Deus; toda segurança contra os inimigos de Deus; toda verdade contra a mentira; toda facilidade e toda vitória contra as dificuldades da salvação; toda doçura e toda alegria nas amarguras da vida.

[22] Não quer dizer que aquele que encontrou Maria por uma verdadeira devoção esteja livre de cruzes e de sofrimentos, longe disso; essa alma será mais perseguida do que qualquer outra, porque Maria, a mãe dos viventes, dá a todos os seus filhos pedaços da Árvore da vida, que é a cruz de Cristo; mas, talhando-lhes boas cruzes, ela lhe dá a graça de carregá-las pacientemente e até com coração alegre; de modo que as cruzes que ela dá àqueles que lhe pertencem são como confeitos ou cruzes confeitadas, mais do que amargas; ou, se durante um tempo eles sentem o amargor do cálice que é necessário beber para ser amigos de Deus, a consolação e a alegria que esta Mãe faz suceder à tristeza os

anima infinitamente a carregar cruzes até mais pesadas e mais amargas.

C – Uma verdadeira devoção à Virgem Santa é indispensável

[23] A dificuldade consiste, portanto, em saber encontrar verdadeiramente a divina Maria para encontrar toda graça abundante. Deus, como Senhor absoluto, pode comunicar por si mesmo aquilo que, ordinariamente, Ele comunica apenas por Maria; e não se pode negar, sem temeridade, que Ele inclusive o faça algumas vezes; no entanto, de acordo com a ordem que a sabedoria divina estabeleceu, Ele não se comunica ordinariamente aos homens senão por meio de Maria na ordem da graça, como diz Santo Tomás. É necessário, para subir e unir-se a Ele, servir-se do mesmo meio de que Ele se serviu para descer até nós, para fazer-se homem e nos comunicar suas graças; e esse meio é uma verdadeira devoção à Virgem Santa.

II
Em que consiste a verdadeira devoção a Maria

A – Diversas verdadeiras devoções à Santíssima Virgem

[24] Existem, com efeito, diversas verdadeiras devoções à Santíssima Virgem. Não vou falar aqui das falsas.

[25] A primeira consiste em cumprir seus deveres de cristão, evitando o pecado mortal, agindo mais por amor do que por temor, rezando de vez em quando à Virgem Santa e honrando-a como Mãe de Deus, sem nenhuma devoção especial por ela.

[26] A segunda consiste em ter pela Virgem Santa sentimentos mais perfeitos de estima, amor, confiança e veneração. Essa devoção leva a criar confrarias do santo rosário,

do escapulário, leva a recitar o terço e o santo rosário, a honrar suas imagens e seus altares, a publicar seus louvores e envolver-se com suas congregações. E essa devoção, que exclui o pecado, é boa, santa e louvável; mas ela não é tão perfeita nem capaz de retirar as almas das criaturas e desapegá-las de si mesmas para uni-las a Jesus Cristo...

[27] A terceira devoção à Santa Virgem, conhecida e praticada por muito poucas pessoas, é a de que vou falar agora.

B – A perfeita prática de devoção a Maria

1 Em que ela consiste

[28] Alma predestinada, ela consiste em dar-se inteiramente, na qualidade de escravo, a Maria e a Jesus por meio dela; em seguida, consiste em fazer todas as coisas com Maria, em Maria, por Maria e para Maria. Vou explicar essas palavras.

[29] É preciso escolher um dia determinado para dar-se, consagrar-se e sacrificar voluntariamente e por amor, sem obrigação, inteiramente, sem reserva alguma, seu corpo e sua

alma; seus bens exteriores de ventura como sua casa, sua família e seus ganhos; seus bens interiores da alma, isto é, seus méritos, suas graças, suas virtudes e satisfações.

Aqui é preciso observar que, por meio dessa devoção, faz-se sacrifício a Jesus por Maria de tudo aquilo que a alma tem de mais caro e de que religião alguma exige sacrifício, ou seja, do direito de dispor de si mesmo e do valor de suas orações, de suas esmolas, de suas mortificações e satisfações; de modo que se deixa tudo inteiramente à disposição da Santíssima Virgem para que ela aplique segundo sua vontade à maior glória de Deus, que apenas ela conhece perfeitamente.

[30] Deixa-se ao seu dispor todo o valor satisfatório e impetrativo de suas boas obras; assim, após a oblação que se fez dos méritos das boas obras, mesmo que sem voto algum, deixa-se de ser mestre de todo o bem que se fez, para que a Santíssima Virgem possa aplicá-lo seja a uma alma do purgatório, para aliviá-la ou libertá-la, seja a um pobre pecador para convertê-lo.

[31] Entregam-se, por essa devoção, seus méritos nas mãos da Santa Virgem; mas é para guardá-los, aumentá-los, embelezá-los, por-

que nós mesmos não podemos comunicar uns aos outros os méritos da graça santificante, nem da glória...

Mas todas as suas orações e boas obras são dadas a ela como impetrações e satisfações, para que as distribua e aplique a quem lhe agradar; e se, depois de nos havermos assim consagrado à Santa Virgem, desejarmos aliviar alguma alma do purgatório... salvar algum pecador, sustentar algum amigo por meio de nossas orações, esmolas, mortificações, sacrifícios, será preciso pedir-lhe humildemente e entregar-se ao que ela determinar, sem questionar, persuadidos de que o valor de nossas ações, sendo dispensado pela mesma mão de que Deus se serve para nos dispensar suas graças e seus dons, não pode deixar de ser aplicado para sua maior glória.

[32] Eu disse que essa devoção consiste em dar-se a Maria na qualidade de escravo. Devemos observar que existem três formas de escravidão.

A primeira é a escravidão natural; homens bons e maus são escravos de Deus dessa maneira.

A segunda é a escravidão imposta; os demônios e os condenados são escravos de Deus dessa maneira.

A terceira é a escravidão por amor e vontade; e é desta forma que nós devemos nos consagrar a Deus por Maria, da maneira mais perfeita que uma criatura tem a sua disposição para dar-se a seu Criador.

[33] Observe também que existe diferença entre ser um servo e ser um escravo. Um servo deseja pagamento por seus serviços; o escravo não tem pagamento algum. O servo é livre para deixar o seu mestre quando quiser e o serve apenas por determinado tempo; o escravo não pode deixá-lo, está-lhe entregue para sempre. O servo não dá ao seu mestre direito de vida e de morte sobre sua pessoa; o escravo dá-se inteiramente, de modo que seu mestre poderia fazê-lo morrer, sem que isso possa lhe acarretar problemas com a justiça.

É fácil, porém, notar que o escravo por imposição tem a dependência mais estreita, que somente conviria haver, de fato, entre um homem e seu Criador. Por isso é que os cristãos não constituem escravos desse modo; apenas os infiéis e os idólatras agem assim.

[34] Bendita e mil vezes bendita é a alma liberal que se consagra a Jesus por Maria, na qualidade de escravo de amor, depois de ter-se

livrado, por meio do Batismo, da escravidão tirânica do demônio!

2 Excelência dessa prática

[35] Eu precisaria de muita luz para descrever perfeitamente a excelência dessa prática, e apenas direi de passagem:

1º) Que dar-se assim a Jesus Cristo pelas mãos de Maria é imitar Deus Pai, que nos deu seu Filho por meio de Maria e que não de outra forma nos comunica suas graças; é também imitar Deus Filho, que veio até nós por meio de Maria e que, tendo-nos dado o exemplo para fazermos como Ele fez, solicitou-nos para ir a Ele pelo mesmo caminho pelo qual Ele veio a nós, ou seja, por Maria; é, por fim, imitar o Espírito Santo, que não nos comunica suas graças e seus dons senão por Maria. Não é justo, diz São Bernardo, que a graça retorne ao seu autor pelo mesmo canal pelo qual ela nos foi enviada?

[36] 2º) Ir a Jesus Cristo por Maria é verdadeiramente honrar Jesus Cristo, porque significa ressaltar que não somos dignos de nos aproximarmos de sua santidade infinita diretamente por nossa conta, por causa de nossos

pecados, e que precisamos de Maria, sua Santa Mãe, para ser nossa advogada e nossa mediadora junto a Ele, que é nosso mediador. Ao mesmo tempo, é nos aproximarmos dele como de nosso mediador e nosso irmão, e nos humilharmos diante dele como diante de nosso Deus e nosso juiz; em uma palavra, significa praticar a humildade que sempre compraz o coração de Deus...

[37] 3º) Consagrar-se desse modo a Jesus por Maria é colocar nas mãos de Maria nossas boas ações que, embora pareçam boas, são tantas vezes manchadas e indignas da consideração e da aceitação de Deus, diante de quem nem as estrelas são puras.

Ah! Peçamos a essa bondosa Mãe e Senhora que, recebendo nosso humilde presente, ela o purifique, santifique-o, eleve-o e o torne belo, de modo que seja digno de Deus. Todos os méritos de nossa alma são migalhas diante de Deus, o Pai de família, para ganhar sua amizade e sua graça, como seria diante do rei a maçã bichada de um pobre camponês, rendeiro de Sua Majestade, para pagar pelo arrendamento de sua propriedade. O que faria o pobre homem se tivesse presença de espírito e contasse com a benevolência da rainha? Amiga do pobre camponês e respeitosa para com o rei, não tiraria ela dessa maçã tudo que houvesse de corrompido e estragado e não a colocaria em uma tigela dourada envolta em flores, de modo que o rei não pudesse deixar de recebê-la, inclusive com alegria, das mãos da rainha que estima esse camponês... *Modicum quid offerre desideras? Manibus Mariae tradere cura, si non vis sustinere repulsam*. Se você deseja oferecer alguma coisa pequena a Deus, diz São Bernardo, coloque-a nas mãos de Maria, se não quiser ser repelido.

[38] Bom Deus, tudo que podemos fazer é pouco! Mas coloquemos tudo nas mãos de Maria por meio desta devoção. Do mesmo modo que nos daremos inteiramente a ela, quanto formos capazes, despojando-nos de tudo em honra dela, ela também será infinitamente liberal conosco, nos dará "por um ovo um boi", dar-se-á inteiramente a nós com seus méritos e suas virtudes; ela colocará nossos presentes na bandeja de ouro de sua caridade, nos revestirá como Rebeca a Jacó, com as belas vestes de seu Filho Unigênito Jesus Cristo, isto é, com os méritos que tem à sua disposição; assim,

como seus serviçais e seus escravos, tendo-nos despojado de tudo para honrá-la, nós teremos duas vestes: *Omnes domestici ejus vestiti sunt duplicibus*, vestes, ornamentos, perfumes, méritos e virtudes de Jesus e de Maria na alma de um escravo de Jesus e de Maria despojado de si mesmo e fiel em seu despojamento.

[39] 4º) Dar-se assim à Santa Virgem é exercer no mais alto nível possível a caridade para com o próximo, pois fazer-se voluntariamente seu prisioneiro é dar-lhe o que se tem de mais precioso, a fim de que ela disponha disso como quiser em favor dos vivos e dos mortos.

[40] 5º) É por essa devoção que colocamos nossas graças, méritos e virtudes em segurança, fazendo de Maria nossa depositária e lhe dizendo: "Tomai, minha querida Senhora, eis o que, pela graça de vosso amado Filho, eu fiz de bom; eu não sou capaz de guardá-lo por causa de minha fraqueza e de minha inconstância, por causa do grande número e da malícia dos meus inimigos que me atacam noite e dia. Ai de mim! Todos os dias veem-se os cedros do Líbano caírem por terra, e águias que se elevam aos céus tornarem-se pássaros noturnos, mil justos tombam à minha esquerda e dez mil à minha direita; mas, minha poderosa e invencível Princesa,

guardai todos os meus bens, tenho medo que mos roubem; tomai-me inclusive a mim, pois tenho medo de cair; eu vos confio em depósito tudo o que tenho: *Depositum custodi. Scio cui credidi.* Sei bem quem sois vós, por isso é que me confio inteiramente a vós; vós sois fiel a Deus e aos homens, e não permitireis que nada pereça daquilo que (eu) vos confiar. Vós sois potente e nada pode prejudicar-vos, nem arrebatar o que tendes nas mãos. *Ipsam sequens non devias; ipsam rogans non desperas; ipsam cogitans non erras; ipsa tenente, non corruis; ipsam protegentee, non metuis; ipsa duce, non fatigaris; ipsa propitia, pervenis* (São Bernardo. *Inter flores*, cap. 135; *De Maria Virgine*, p. 2.150). E alhures: *Detinet Filium ne percutiat; detinet diabolum ne noceat; detinet virtutes ne fugiant; detinet merita ne pereant; detinet gratiam ne effluat.* Essas são as palavras de São Bernardo, que exprimem substancialmente tudo o que acabo de dizer. Mesmo que fosse esse o único motivo para impulsionar-me a esta devoção, como (sendo) o meio para conservar-me e crescer na graça de Deus, eu não devia respirar senão fogo e chamas por ela.

[41] 6º) Essa devoção torna a alma verdadeiramente livre com a liberdade dos filhos de

Deus. Como por amor a Maria nos reduzimos voluntariamente à escravidão, esta querida Senhora, por reconhecimento, amplia e dilata o coração e o faz caminhar a passos de gigante no caminho dos mandamentos divinos. Ela afasta o mal da tristeza e do escrúpulo. Foi essa devoção que Nosso Senhor ensinou à doce Agnès de Langeac, religiosa morta em odores de santidade, como meio seguro para vencer as grandes penas e perplexidades em que ela se encontrava: "Faz-te, disse-lhe ele, escrava de minha Mãe e toma o grilhão"; e ela assim fez; e, no mesmo momento, todas as suas penas cessaram.

[42] Para dar a essa devoção autoridade seria necessário reportar aqui todas as bulas e as indulgências dos papas e os mandamentos dos bispos em favor dela, as congregações estabelecidas em sua honra, o exemplo de diversos santos e grandes personagens que a praticaram, mas vou deixar isso tudo em silêncio...

3 Sua fórmula interior e seu espírito

[43] Eu disse na sequência que essa devoção consistia em fazer todas as coisas com Maria, em Maria, por Maria e para Maria.

[44] Não basta ter-se dado uma vez a Maria na qualidade de escravo; tampouco é suficiente fazê-lo uma vez por mês, ou a cada semana; isso seria uma devoção muito passageira, e não elevaria a alma à perfeição aonde ela é capaz de elevá-la. Não há grande dificuldade em ingressar em uma irmandade, abraçar essa devoção e fazer algumas orações vocais todos os dias, como ela prescreve; mas a grande dificuldade está em entrar no espírito dessa devoção, que é tornar a alma interiormente dependente e escrava da Santíssima Virgem e de Jesus por meio dela.

Encontrei muitas pessoas que, com um ardor admirável, se colocaram sob a santa escravidão, exteriormente; mas muito poucas vezes encontrei quem tivesse entrado no espírito e, menos ainda, que tenha nele perseverado.

Agir com Maria

[45] 1º) A prática essencial dessa devoção consiste em realizar todas as suas ações com Maria, ou seja, tomar a Santa Virgem por modelo pleno de tudo que se deve fazer.

[46] Por isso, antes de iniciar alguma coisa, é preciso renunciar a si mesmo e a suas

melhores intenções, é preciso aniquilar-se diante de Deus, sabendo-se incapaz de todo bem sobrenatural e de qualquer ação útil à salvação; é preciso recorrer à Santíssima Virgem e se unir a ela e suas intenções, mesmo que desconhecidas; é preciso unir-se por Maria às intenções de Jesus cristo, quer dizer: colocar-se como um instrumento entre as mãos da Santíssima Virgem, a fim de que ela aja em nós, a partir de nós e por nós como melhor lhe aprouver, para a [maior] glória de seu Filho, e por seu Filho, Jesus, à glória do Pai; de modo que toda nossa a vida interior e qualquer operação espiritual dependam dela...

Agir em Maria

[47] 2º) É necessário fazer todas as coisas em Maria, quer dizer: é preciso acostumar-se pouco a pouco a se recolher no interior de si mesmo para formar aí uma pequena ideia ou imagem espiritual da Santíssima Virgem. Ela será para a alma o Oratório para fazer todas as suas orações a Deus sem temor de que sejam repelidas; [será] a Torre de Davi, onde [a alma] pode guardar-se em segurança dos seus inimigos; [será] a Lâmpada acesa para ilumi-

nar todo o [seu] interior e para acender-se de amor divino; [será] o Altar sagrado para ver Deus com ela; e enfim, [será] seu único Tudo junto a Deus, seu protetor universal. Se a alma ora, o faz em Maria; se recebe Jesus pela Santa Comunhão, o colocará em Maria para aí comprazer-se; se age, o fará em Maria; e em toda parte e em tudo ela produzirá atos de renúncia de si mesma...

Agir por Maria

[48] 3º) Nunca se deve ir a Nosso Senhor sem a intercessão de Maria e com seu crédito junto a Ele, encontrando-se sozinha para lhe rogar...

Agir para Maria

[49] 4º) Deve-se fazer todas as ações para Maria, quer dizer que, sendo escravo dessa augusta Princesa, é preciso que não se trabalhe mais senão para ela, para seu proveito, sua glória, como fim próximo, e para a glória de Deus como fim último. Ela [deve], portanto, em tudo que faz, renunciar a seu amor-próprio, que se coloca sempre como fim de uma manei-

ra quase imperceptível, e repetir muitas vezes do fundo do coração: Oh, querida Senhora, é por ti que vou aqui ou ali, que faço isto ou aquilo, que sofro essa pena ou aquela injúria!

[50] Muito cuidado, alma predestinada, ao achar que é mais perfeito ir direto a Jesus, direto a Deus em tuas ações e intenções; se queres chegar a eles sem Maria, teu agir, tua intenção terão pouco valor; mas, indo por Maria, será a ação de Maria em ti e, consequentemente, será uma ação muito distinguida e digna de Deus.

[51] Além disso, evita fazer mal a ti mesma para sentir e experimentar o que dizes e fazes; dize e faze tudo na fé pura que Maria teve neste mundo, e que ela te comunicará com o tempo; deixa para tua Soberana, ó pobre pequena escrava, a visão clara de Deus, os êxtases, as alegrias, os prazeres, e toma para ti apenas a fé pura, cheia de desgostos, de distrações, de incômodos, de securas; dize: *Amém*, assim seja, ao que faz Maria, minha Senhora, no céu; é o que posso fazer de melhor no momento presente...

[52] Evita também atormentar-te se não gozares imediatamente da doce presença da Santa Virgem em teu interior. Essa graça não é dada a todos; e quando Deus favorece uma

alma com ela por grande misericórdia, é muito fácil perdê-la caso não seja fiel no recolhimento frequente; e se esse infortúnio acontecer contigo, retorna docemente e busca reparar-te honrando tua Soberana.

4 Os efeitos que ela produz na alma fiel

[53] A experiência te ensinará infinitamente mais do que eu te digo e, se tiveres sido fiel ao pouco que te disse, encontrarás tanta riqueza e graças nessa prática, que te surpreenderás e tua alma ficará repleta de alegria...

[54] Trabalhemos, portanto, ó alma querida, e façamos de modo que, por essa devoção fielmente praticada, a alma de Maria esteja em nós para glorificar o Senhor, que o espírito de Maria esteja conosco para se rejubilar em Deus seu Salvador. São as palavras de Santo Ambrósio: *Sit in singulis anima Mariae ut magnificet Dominum, [sic] in singulis spiritus Mariae [ut] exsultet Deo...* E não creiamos que houve maior glória e felicidade em morar no seio de Abraão, que é o Paraíso, do que no seio de Maria, pois Deus colocou nela seu trono. São as palavras do santo abade Guerric: *Ne credideris majoris esse felicitatis habitare in sinu Abrahae, qui [vo-*

catur] Paradisus, quam in sinu Mariae in quo Dominus thronum suum posuit.

[55] Essa devoção, fielmente praticada, produz na alma uma infinidade de efeitos. Mas o principal dom que as almas possuem é o estabelecimento da vida de Maria em uma alma que habita este mundo, de maneira que já não é a alma que vive, mas Maria que vive nela, ou a alma de Maria se torna a alma dela, por assim dizer. Ora, quando por uma graça inefável, mas verdadeira, a divina Maria é Rainha em uma alma, que maravilhas ela não fará ali? Sendo operadora de grandes maravilhas, particularmente no interior, ela trabalha em segredo, até mesmo à revelia da alma que, conhecendo-as, destruiria a beleza de suas obras...

[56] Como ela é em toda parte Virgem fecunda, ela leva a todo o interior onde se encontra a pureza de coração e de corpo, a pureza de intenções e de desígnios, a fecundidade em boas obras. Não creias, alma querida, que Maria, a mais fecunda de todas as criaturas e que chegou ao ponto de produzir um Deus, permaneça ociosa em uma alma fiel. Ela a fará viver sem cessar para Jesus Cristo, e Jesus Cristo nela. *Filioli mei, quos iterum parturio donec*

formetur Christus in vobis (Gl 4,19), e se Jesus Cristo é igualmente o fruto de Maria em cada alma em particular, assim como para o mundo todo em geral, é particularmente na alma em que ela está que Jesus Cristo é seu fruto e seu mestre de obras.

[57] Enfim, Maria torna-se tudo para essa alma junto de Jesus Cristo: ela ilumina seu espírito por sua fé pura. Ela aprofunda seu coração por sua humildade, ela o amplia e o abrasa por sua caridade, ela o purifica por sua pureza, ela o enobrece e engrandece por sua maternidade. Mas onde é que irei me deter? É somente a experiência que mostra essas maravilhas de Maria, inacreditáveis aos sábios e orgulhosos, e mesmo ao comum dos devotos e devotas...

[58] Como é por Maria que Deus veio ao mundo pela primeira vez, na humilhação e no aniquilamento, não poderíamos dizer também que é por Maria que Deus virá uma segunda vez, como toda a Igreja espera, para reinar sobre tudo e para julgar os vivos e os mortos? Saber como isso acontecerá e qual o momento, quem é que o saberia? Mas bem sei que Deus, cujos pensamentos são tão distantes dos nossos quanto o céu é distante da terra, virá em um tempo e de uma maneira que os seres humanos

menos possam esperar, incluindo os sábios e os mais entendidos sobre as Santas Escrituras, que é bastante obscura sobre esse assunto.

[59] Devemos acreditar também que, no fim dos tempos, e, talvez mais cedo do que pensemos, Deus suscitará grandes homens cheios do Espírito Santo e do espírito de Maria, para os quais essa divina Soberana fará grandes maravilhas no mundo, para destruir o pecado e estabelecer o reino de Jesus Cristo, seu Filho, sobre o [reino] do mundo corrompido; e é por meio dessa devoção à Santíssima Virgem – que, por minha fraqueza, eu apenas esboço brevemente – que esses santos personagens virão no final de tudo...

5 As práticas exteriores

[60] Além da prática interior dessa devoção, que acabamos de comentar, existem práticas exteriores que não devem ser omitidas nem negligenciadas...

A consagração e sua renovação

[61] A primeira é dar-nos a Jesus Cristo, em algum dia determinado, pelas mãos de

Maria, da qual nos fizemos escravos, e comungar a esse efeito, nesse dia, e passá-lo todo em oração. Tal consagração deve ser renovada ao menos uma vez por ano, na mesma data.

A oferenda de um tributo à Virgem Santa

[62] A segunda prática é dar todos os anos, no mesmo dia, um pequeno tributo à Santa Virgem, para lhe demonstrar a servidão a ela e a dependência dela; essa sempre foi a homenagem dos escravos aos seus senhores. Ora, esse tributo [é] ou alguma mortificação, ou alguma esmola, ou uma peregrinação, ou algumas orações. O Bem-aventurado Marinho, segundo seu irmão São Pedro Damião, tomava a disciplina publicamente todos os anos, no mesmo dia, diante de um altar da Santa Virgem. Não se pede nem aconselha tal fervor; mas, se não for possível dar muito a Maria, deve-se oferecer o que lhe apresentamos com um coração humilde e agradecido...

A celebração especial da Festa da Anunciação

[63] A terceira é celebrar todos os anos, com uma devoção particular, a Festa da Anunciação, que é a festa principal dessa devoção,

estabelecida para honrar e imitar a dependência em que o Verbo eterno se colocou nesse dia, por amor de nós...

A recitação da Pequena Coroa e do Magnificat

[64] A quarta prática exterior é rezar todos os dias, sem incorrer em pecado algum por lhe faltar, a Pequena Coroa da Santíssima Virgem, composta de três *Pater* e doze *Ave*, e recitar assiduamente o *Magnificat*, que é o único cântico que temos de Maria para agradecer a Deus pelos seus benefícios e para atrair outros novos; sobretudo, não se deve deixar de recitá-lo após a Santa Comunhão, por ação de graças, como o sábio Gerson considera que a própria Santa Virgem fazia após a comunhão...

O uso da correntinha

[65] A quinta é usar uma pequena corrente benta no pescoço, ou no braço, ou no tornozelo, ou pelo corpo. Essa prática pode ser absolutamente omitida, sem afetar o sentido dessa devoção; no entanto, seria pernicioso desprezá-la ou condená-la. E perigoso negligenciá-la...

Eis aqui as razões para que se use esse sinal exterior: 1ª) Para se proteger das funestas cadeias do pecado original e atual, aos quais estamos vinculados. 2ª) Para honrar as cordas e os laços amorosos com que Nosso Senhor quis ser amarrado para nos tornar verdadeiramente livres; 3ª) Como esses laços são laços de caridade, *traham eos in vinculis caritatis*, é para nos fazer lembrar de Maria, na qualidade de escravos, que serve o hábito de usar semelhantes correntes.

Diversos grandes personagens, que se fizeram escravos de Jesus e de Maria, estimavam tanto tais correntes que se lamentavam não ser-lhes permitido usá-las em público nos pés, como os escravos turcos.

Ó correntes mais preciosas e mais gloriosas do que os colares de ouro e de pedras preciosas de todos os imperadores, pois elas nos unem a Jesus Cristo e a sua Santa Mãe, e são desse vínculo os ilustres sinais e as marcas exteriores características!

É preciso observar que é recomendável que tais correntes, se não forem de prata, sejam ao menos de ferro, por causa da comodidade...

Elas não devem jamais ser retiradas durante a vida, para que nos possam acompanhar até o dia do julgamento. Que alegria, que glória, que triunfo para um escravo fiel, no dia do julgamento, que seus ossos, ao som da trombeta, se levantem da terra unidos pela corrente da escravidão, que aparentemente não terá se corrompido! Esse pensamento, por si só, deve animar fortemente um devoto escravo a jamais retirá-la, por mais que ela possa trazer incômodos à sua natureza.

Suplemento
Orações a Jesus e a Maria

Oração a Jesus

[66] Meu amável Jesus, permiti-me dirigir a vós para testemunhar o reconhecimento de onde me encontro pela graça que me concedestes ao dar-me vossa Santa Mãe por meio da devoção da escravidão, para ser minha advogada junto a Vossa Majestade, e o suplemento universal em minha tão grande miséria. Ai de mim, Senhor! Sou tão miserável que, sem esta boa Mãe, eu estaria infalivelmente perdido. Sim, Maria é-me necessária junto a Vós, em toda parte: necessária para acalmar-vos em vossa justa cólera, pois tanto vos ofendi a cada dia; necessária para deter os castigos eternos de vossa justiça que eu mereço; necessária para eu olhar para Vós, para vos falar, para vos rogar, para aproximar-me de vós e para vos agradar;

necessária para salvar minha alma e a dos outros; necessária, em uma palavra, para fazer sempre vossa santa vontade e buscar em tudo a vossa maior glória.

Ah, que eu possa publicar por todo o universo a misericórdia que tivestes para comigo! Que o mundo todo saiba que, sem Maria, eu já estaria condenado! Que eu possa render dignas ações de graça por tão grande benefício! Maria está em mim, *haec facta est mihi*. Ó, que tesouro! Ó, que consolação! Como não ser, por isso mesmo, inteiramente dela! Ó, que ingratidão [seria], meu querido Salvador! Prefiro antes morrer a incorrer em tal desgraça, pois prefiro a morte a viver sem pertencer inteiramente a Maria.

Eu a tomei milhares de vezes como todo bem para mim, com São João Evangelista aos pés da cruz, e tantas vezes igualmente dei-me a ela; mas, se ainda não o fiz suficientemente bem, segundo vossos desejos, querido Jesus, faço-o agora como quiserdes que eu faça; e se virdes em minha alma e em meu corpo alguma coisa que não pertença a essa augusta Princesa, peço-vos que a arranqueis e a lanceis longe de mim, pois não sendo de Maria, é indigna de vós.

[67] Ó Santo Espírito! Concedei-me todas essas graças e plantai, regai e cultivai em minha alma a amável Maria, que é a Árvore da vida verdadeira, para que cresça, floresça e dê frutos de vida em abundância. Ó Santo Espírito! Dai-me uma grande devoção e uma forte inclinação a vossa divina Esposa, um grande consolo em seu seio maternal e um constante recurso à sua misericórdia, para que nela formeis em mim Jesus Cristo natural, grande e poderoso, até a plenitude de sua idade perfeita. Assim seja.

Oração a Maria por suas fiéis escravas

[68] Eu vos saúdo, Maria, filha bem-amada do Pai Eterno; eu vos saúdo, Maria, mãe admirável do Filho; eu vos saúdo, Maria, esposa fiel do Espírito Santo; Ave, Maria, minha querida Mãe, minha amável Senhora e minha potente Soberana; ave, minha alegria, minha glória, meu coração e minha alma! Vós sois inteiramente para mim por misericórdia, e eu sou todo para vós por justiça. E ainda não o sou o bastante; por isso dou-me totalmente a vós de novo, na qualidade de escravo eterno, sem nada reservar para mim ou para qualquer outra pessoa.

Se ainda virdes em mim alguma coisa que não vos pertença, vos suplico que a tomeis neste momento e assumais o poder absoluto de Senhora sobre mim; que destruais e arranqueis e aniquileis de mim tudo aquilo que desagrada a Deus, e que em mim planteis, cultiveis e opereis tudo o que vos agradar.

E que a luz de vossa fé dissipe as trevas de meu espírito; que vossa humildade profunda tome o lugar do meu orgulho; que vossa contemplação sublime detenha as distrações de minha imaginação distraída; que vossa visão contínua de Deus preencha minha memória de sua presença; que o fogo da caridade de vosso coração dilate e abrase a tepidez e a frieza do meu; que vossas virtudes assumam o lugar dos meus pecados; que vossos méritos sejam meu ornamento e meu suplemento diante de Deus. Enfim, minha queridíssima e amabilíssima Mãe, fazei, se for possível, com que eu não tenha outro espírito além do vosso para conhecer Jesus Cristo e sua divina vontade; que eu não tenha outra alma além da vossa para louvar e glorificar o Senhor; que eu não tenha outro coração além do vosso para amar a Deus com um amor puro e ardente como o amais vós.

[69] Eu não vos peço visões, nem revelações, nem satisfações, nem mesmo prazeres espirituais. Só vós enxergais claramente sem trevas; só vós saboreais plenamente, sem amargor; somente vós triunfais gloriosamente à direita de vosso Filho no céu, sem nenhuma humilhação; sois vós que comandais absolutamente os anjos e os homens e os demônios sem resistência e, enfim, dispondes, segundo vossa vontade, de todos os bens de Deus, sem reserva alguma.

Eis, divina Maria, a boníssima parte que o Senhor vos deu e que não vos será jamais tirada; o que me dá imensa alegria. Quanto a mim, não desejo absolutamente nenhuma outra [parte] além daquela que tivestes vós, ou seja: crer de forma pura, sem nada sentir ou ver; sofrer alegremente, sem consolação das criaturas; morrer constantemente para mim mesmo sem trégua; e trabalhar fortemente até a morte, por vós, sem nenhum interesse, como o mais vil de vossos escravos. A única graça que eu vos peço, por pura misericórdia, é poder dizer todos os dias e momentos de minha vida três vezes *amém, assim seja* a tudo aquilo que vós haveis feito sobre a terra quando aqui vivíeis;

assim seja a tudo aquilo que fazeis no presente no céu; *assim seja* a tudo que fazeis em minha alma, a fim de que nela estejais somente vós para glorificar plenamente Jesus em mim durante o tempo e na eternidade. Assim seja!

O cultivo e o crescimento da Árvore da vida [ou seja], a maneira de fazer Maria viver e reinar em nossas almas

1 *A escravidão santa do amor – Árvore de vida*

[70] Compreendeste, alma predestinada, por ação do Espírito Santo, o que acabo de dizer? Agradece a Deus por isso! É um segredo desconhecido a quase todo mundo. Se encontraste este tesouro escondido no campo de Maria, a pérola preciosa do Evangelho, é preciso que venda tudo para adquiri-lo; é preciso que faças um sacrifício de ti mesma nas mãos de Maria, e te percas com alegria nela para encontrar ali Deus somente.

Se o Santo Espírito plantou em teu coração a verdadeira Árvore da vida, que é a devoção que acabo de explicar, é necessário que tu dediques todos os teus cuidados a cultivá-la, para que dê seu fruto em seu tempo. Esta devoção é o grão de mostarda de que fala o Evangelho, que sendo à vista o menor dos grãos, torna-se mesmo assim bastante grande e estende galhos tão altos que os pássaros do céu, quer dizer, os predestinados, podem aí fazer seu ninho e repousar à sombra durante o calor do sol, e proteger-se em segurança contra as bestas ferozes.

2 A maneira de cultivá-lo

Esta é, alma predestinada, a maneira de cultivá-lo:

[71] 1º) Essa árvore, sendo plantada em um coração bem fiel, quer estar ao ar livre, sem apoio humano algum; essa árvore, sendo divina, quer estar sempre livre de qualquer criatura que poderia impedi-la de elevar-se ao seu princípio, que é Deus. Assim, não deve absolutamente apoiar-se em suas próprias habilidades humanas ou em seus talentos puramente naturais, ou no crédito e na autoridade dos homens; é preciso recorrer a Maria e apoiar-se em seu auxílio.

[72] 2º) É necessário que a alma, onde essa árvore está plantada, esteja constantemente ocupada como um bom jardineiro, cuidando

dela e protegendo-a. Pois essa árvore, sendo viva e devendo produzir frutos de vida, gosta de ser cultivada e desenvolvida por meio de um cuidado contínuo e da contemplação da alma; e é tarefa de uma alma perfeita pensar continuamente nela e ter nela sua principal ocupação.

[73] É preciso arrancar e cortar os baraços e os espinhos que poderiam sufocar essa árvore com o tempo ou impedi-la de dar seus frutos; isto é, é preciso ser fiéis em desbastar e podar, por meio da mortificação e violência contra si mesmo, todos os prazeres inúteis e vãs ocupações com as criaturas, ou então crucificar sua carne, e guardar o silêncio e mortificar os sentidos.

[74] 3º) É preciso vigiar para que as lagartas não a prejudiquem. Tais lagartas são o amor-próprio, por si e por suas comodidades, que comem as folhas verdes e a bela esperança que a Árvore tinha por frutos; porque o amor a si mesmo e o amor a Maria não se coadunam de forma alguma.

[75] 4º) Não se deve deixar que as bestas se aproximem. As bestas são os pecados, que poderiam levar a Árvore da vida à morte por seu simples contato. Tampouco se pode permitir

que o hálito das bestas passe sobre ela; ou seja, os pecados veniais, que são sempre perigosos, se não estivermos muito atentos...

[76] 5º) É preciso regar frequentemente essa árvore divina, com suas comunhões, suas missas e outras orações em comum e individuais; sem o que a árvore deixaria de dar frutos.

[77] 6º) Não é preciso preocupar-se caso ela seja atingida e sacudida pelo vento, pois é necessário que o vento das tentações sopre sobre ela tentando derrubá-la, que a neve e o gelo a envolvam para destruí-la; ou seja, é preciso que essa devoção à Santa Virgem seja necessariamente atacada e contrariada; mas com a perseverança em seu cultivo não há nada a temer.

3 Seu fruto duradouro: Jesus Cristo

[78] Alma predestinada, se assim cultivares tua Árvore de vida novamente plantada pelo Espírito Santo em tua alma, eu te asseguro que em pouco tempo ela crescerá tão alto que os pássaros do céu nela habitarão, e se tornará tão perfeita que finalmente dará seu fruto de honra e de graça em seu tempo; quer dizer, o amável e adorável Jesus que sempre foi e sempre será o único fruto de Maria.

Feliz a alma em quem Maria, a Árvore da vida, é plantada; mais feliz aquela em quem ela se desenvolve e floresce; muito feliz aquela em quem ela dá seu fruto; mas a mais feliz de todas é aquela que saboreia e conserva seu fruto até a morte e pelos séculos dos séculos. Assim seja.

Qui tenet, teneat.

Conecte-se conosco:

f facebook.com/editoravozes

◎ @editoravozes

𝕏 @editora_vozes

▶ youtube.com/editoravozes

☎ +55 24 2233-9033

www.vozes.com.br

Conheça nossas lojas:

www.livrariavozes.com.br

Belo Horizonte – Brasília – Campinas – Cuiabá – Curitiba
Fortaleza – Juiz de Fora – Petrópolis – Recife – São Paulo

EDITORA VOZES LTDA.
Rua Frei Luís, 100 – Centro – Cep 25689-900 – Petrópolis, RJ
Tel.: (24) 2233-9000 – E-mail: vendas@vozes.com.br